MON CHEVAL

—— Betsy Sikora Siino ——

**ÉDITIONS
MICHEL
QUINTIN**

Toupet — Crinière — Garrot — Hanche — Base de la queue

Naseau — Bout du nez — Poitrail — Flanc — Grasset — Queue — Pointe du jarret

Paturon — Articulation du boulet — Couronne — Sabot — Ergot — Pli du paturon

PRENDRE SOIN DE SON CHEVAL

Sur une échelle de 1 à 5 :	1	2	3	4	5
Le temps à lui consacrer					✓
Exercice à lui faire faire					✓
Jeu			✓		
Espace dont il a besoin					✓
Pansage (selon la race)				✓	
Nourriture à lui donner				✓	
Entretien des lieux					✓
Son espérance de vie				✓	
Convient aux enfants de 5 à 10 ans		✓			
Convient aux enfants de 10 et plus			✓		

SOMMAIRE

Préface 4

Histoire naturelle 6

Préparer l'arrivée de votre cheval 10

L'hébergement de votre cheval 14

La première semaine 18

Une bonne alimentation 20

Des soins attentifs 26

De l'exercice 32

La sécurité 34

L'entraînement 36

Comprendre votre cheval 42

Le pansage 46

Hygiène et santé 52

Un compagnon 58

En savoir plus 60

Index 62

PRÉFACE

Pour la plupart d'entre nous, posséder un cheval relève davantage du rêve que de la réalité, ne serait-ce qu'en raison de sa taille. Contrairement à d'autres animaux de compagnie, un cheval implique en effet des contraintes pratiques et budgétaires auxquelles tout le monde n'est pas en mesure de faire face.

Pendant des siècles, le cheval a avant tout été un moyen de transport et un auxiliaire indispensable à de nombreuses activités humaines, parmi lesquelles l'agriculture et la guerre. Aujourd'hui, dans le monde occidental, il a changé de statut pour devenir un compagnon de loisir plutôt qu'un instrument de travail.

Plus qu'avec tout autre compagnon animal, il importe de comprendre la façon de penser du cheval pour établir de bonnes relations avec lui. Il est inutile de chercher à vous faire obéir par la force : la différence de taille et de poids ne joue pas en votre faveur! Il n'est pas question non plus de le laisser vous forcer la main. Prenez le temps d'établir avec votre cheval un climat de confiance réciproque.

Pour y parvenir, le mieux est d'exploiter ses tendances naturelles. Apprenez à comprendre et à interpréter le langage de son corps, à prévenir ses réactions. C'est à ce mode de dressage que font appel tous les bons spécialistes, qu'il s'agisse de chevaux ou d'autres espèces animales, depuis les chiens et les perroquets… jusqu'aux lions et aux orques.

Il importe autant de respecter la personnalité du cheval et sa sensibilité que de veiller à son bien-être physique, en faisant en sorte qu'il s'habitue à supporter les contraintes d'un environnement limité. Tenir compte de ces règles fondamentales est le meilleur conseil que je puisse donner au propriétaire d'un cheval. Vous trouverez dans ce petit livre toutes les informations qui vous permettront d'établir des relations harmonieuses avec votre animal.

Bruce Fogle, docteur vétérinaire

UN VIEUX COMPAGNON

Sans le cheval, l'espèce humaine ne serait sans doute jamais arrivée où elle en est aujourd'hui. Depuis qu'on a eu l'idée d'exploiter les capacités de cet animal, il a joué un rôle indispensable dans bien des domaines, qu'il s'agisse des transports, des travaux agricoles ou de la guerre. À considérer les fruits de cette longue collaboration, on peut effectivement se demander ce que nous aurions fait sans lui.

La domestication du cheval a sans doute débuté il y a six mille ans en Asie centrale, avant de gagner l'Occident. Cet animal fut d'abord chassé pour sa viande et pour sa peau, puis l'homme envisagea de le capturer vivant et de le dresser pour en faire l'auxiliaire de ses activités. Au fil des siècles, l'espèce s'est peu à peu répandue dans le monde entier. Dans le même temps, par voie de sélections et de croisements, elle s'est diversifiée en un grand nombre de races déterminées par l'usage auquel on les destinait : déplacement de lourdes charges, attelage, labour, chasse, guerre et, plus récemment, équitation sportive et de loisir.

UNE INFINIE DIVERSITÉ

L'ingéniosité des éleveurs et les hasards de l'évolution naturelle ont produit les innombrables races que l'on trouve aujourd'hui sur l'ensemble de la planète. On distingue les chevaux de selle (comme le selle français, le trotteur français ou le camargue), les poneys (tels que le shetland, le landais ou le connemara) et les chevaux de trait (tels que l'ardennais, le breton ou le percheron).

Pour les premiers, on parle parfois de chevaux «de sang» ou «près du sang». Cette notion de sang n'a alors rien de biologique, elle évoque plutôt le tempérament fougueux de l'animal. Les chevaux plein de sang sont donc ceux que l'on réserve aux cavaliers expérimentés et qui triomphent en compétition.

Les immenses bénéfices que l'homme a tirés de sa collaboration avec
le cheval tiennent aux caractères spécifiques de l'animal. Ce dernier en
a également profité, puisque la diversification des races consécutive à
l'élevage lui a permis de se répandre sur toute la surface de la terre.
Aussi bien dans les déserts d'Afrique, du Moyen-Orient et des États-
Unis que dans les montagnes, les zones marécageuses, les îles de la
mer du Nord et jusqu'en Australie. Grâce à sa robustesse et à son
organisation sociale fondée sur la hiérarchie et la solidarité du groupe,
cette espèce s'est en effet révélée capable de s'adapter aux milieux les
plus hostiles et d'y survivre durablement.

Chaque race est marquée par une histoire propre, qu'il s'agisse
des petits poneys des Shetland, dont la taille et la rusticité sont
parfaitement adaptées aux conditions de vie dans ces îles
inhospitalières, des aristocratiques pur-sang taillés pour la course, des
puissants chevaux de trait tels que le percheron français et le shire
anglais, ou du quarter-horse américain, monture appréciée des cow-
boys pour sa robustesse et sa maniabilité. C'est à cette diversité que le
cheval doit d'avoir été le compagnon privilégié de l'homme dans sa
conquête du monde.

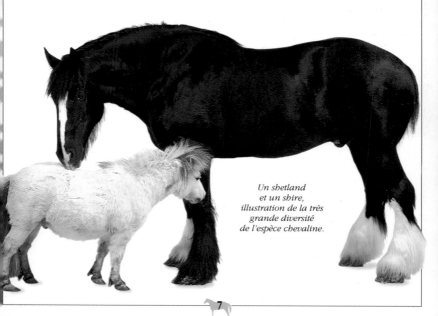

*Un shetland
et un shire,
illustration de la très
grande diversité
de l'espèce chevaline.*

SOCIABLE, MAIS CRAINTIF

Si le cheval a réussi à survivre dans toutes les régions du monde où il s'est répandu, c'est en grande partie parce qu'il a toujours eu instinctivement conscience de ce qu'il était : une proie potentielle pour les grands prédateurs. Sachant cela, vous détiendrez une clé essentielle du comportement de cet animal, ce qui vous aidera à moduler votre comportement à son égard.

Car, dès lors, vous comprendrez pourquoi votre cheval peut être effrayé par le frémissement d'un feuillage ou le miroitement d'une flaque d'eau. À l'état sauvage, être constamment sur le qui-vive et prêt à prendre la fuite au moindre signe de danger – en provoquant par réflexe la fuite des autres membres du groupe – est ce qui permet au cheval de rester en vie. Et, comme un comportement acquis depuis des millénaires ne se perd pas facilement, même les chevaux domestiques en demeurent imprégnés. Il est donc fondamental d'en tenir compte si l'on veut établir des relations de confiance avec ces animaux.

Les chevaux aiment vivre en groupe, mais n'acceptent pas forcément tous leurs congénères.

Il faut également savoir que le cheval est un animal grégaire, qui a besoin de se sentir entouré d'un réseau sécurisant : vous-même, d'autres chevaux (mais uniquement ceux qu'il accepte), éventuellement un chat, un chien ou un autre animal familier. Il conserve aussi de son passé sauvage un sens de la hiérarchie plus ou moins prononcé, qu'il peut manifester par des rebuffades à l'égard d'un voisin de paddock ou en s'irritant de la présence d'un autre cheval sur son lieu de baignade.

En liberté (à l'état sauvage ou domestique), les chevaux vivent généralement en hardes, comprenant traditionnellement un étalon et un certain nombre de juments avec leurs jeunes. Ces groupes familiaux demeurent constamment ensemble, la nuit comme le jour, passant leur temps à brouter, à somnoler ou à folâtrer, mais toujours prêts à donner l'alerte aux autres en cas de danger.

Tant par leur besoin de sécurité que par leur mode de vie communautaire, les chevaux présentent bien des affinités avec les hommes. À nous de savoir en tirer parti, en respectant leurs instincts et leurs comportements spécifiques.

CE QU'IL FAUT PRÉVOIR

L'entrée d'un cheval dans votre vie va bouleverser vos habitudes, bien plus qu'un chien, un chat ou un poisson rouge. Une telle évidence s'impose dès que l'on commence à se demander où on va mettre le nouveau venu. Car c'est l'une des premières choses dont il convient de se préoccuper.

LE LOGEMENT

C'est un point qui doit être réglé avant l'arrivée de votre cheval. Évidemment, tout dépend de l'endroit où vous habitez. Si vous vivez à la campagne, avec un terrain clos suffisamment vaste et la possibilité d'aménager une écurie, le cheval peut vivre chez vous. Sinon, il faut prévoir de le loger ailleurs.

Dans ce dernier cas, la formule la plus courante consiste à le mettre en pension dans un établissement spécialisé. Il y disposera d'un box ou d'une stalle dans une écurie, et du personnel s'occupera de lui (nourriture, entretien, sorties) quand vous ne pourrez pas le faire vous-même.

LES TRANSPORTS

Une fois que vous aurez choisi le lieu de résidence de votre cheval, il reste à savoir comment l'y emmener. Si vous ne disposez pas d'un van, la personne à laquelle vous achetez l'animal peut éventuellement s'occuper de son transport. Mais, le plus souvent, vous devrez vous en charger vous-même. Informez-vous auprès d'autres propriétaires de chevaux ou de l'établissement qui prendra le vôtre en pension. Vous pourrez peut-être vous faire prêter une remorque ou louer les services d'une entreprise spécialisée. Le mieux, évidemment, est d'acheter votre propre van, surtout si vous prévoyez des déplacements fréquents pour participer à des activités équestres.

LE VÉTÉRINAIRE ET LE MARÉCHAL-FERRANT

Le propriétaire d'un cheval doit impérativement avoir les coordonnées d'un vétérinaire et d'un maréchal-ferrant. Car on ne peut se passer de leurs services. Les regarder travailler permet en outre d'en apprendre davantage sur la façon d'aborder un cheval et de s'en occuper. Pour le choix de ces spécialistes, le mieux est de prendre l'avis d'autres propriétaires ou de responsables d'établissements équestres.

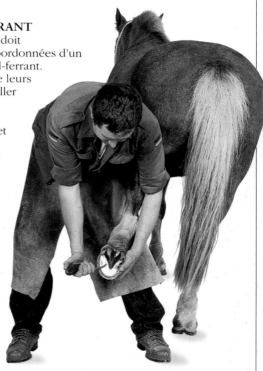

La recherche d'un vétérinaire et d'un maréchal-ferrant doit faire partie des démarches préliminaires à l'achat d'un cheval. Il est important que vous puissiez compter sur eux avant d'avoir besoin de leurs services, et même avant l'arrivée de votre cheval.

CE QUE VOUS DEVEZ ACHETER

Le matériel et l'équipement dont vous allez avoir besoin dépendent essentiellement de l'endroit où vit votre cheval et de ce que vous comptez faire avec lui.

Quoique vous envisagiez – faire de simples promenades ou de la randonnée, prendre des leçons de dressage ou participer à des concours d'obstacles –, il n'est pas vraiment important que votre matériel soit réuni au grand complet avant l'arrivée du cheval. Pour ce qui est du harnachement, il est même prudent d'attendre un peu afin de prendre le temps de vous familiariser avec votre cheval, ce qui vous permettra d'acheter l'équipement le mieux adapté à vos besoins et à ceux de votre monture.

Toutefois, un minimum indispensable doit être prêt pour l'arrivée du cheval. Il s'agit notamment de tout ce qui est nécessaire pour son entretien (nourriture, pansage) et son logement, ainsi que d'un harnachement de base comportant licol et longe. Si vous mettez votre cheval en pension, ces préparatifs se trouveront à l'évidence simplifiés.

L'entretien de l'écurie requiert à lui seul quelques outils essentiels mais courants tels que pelles, râteaux, fourches et brouette.

L'ÉQUIPEMENT DE BASE

À titre indicatif, la liste ci-dessous vous donnera une idée de ce que vous devez prévoir. Si votre cheval est logé chez vous, il faudra y ajouter un certain nombre d'éléments supplémentaires tels qu'une bonne provision de fourrage et de paille de litière, ainsi qu'une brouette.

○ Licol et longe adaptés
○ Matériel de pansage (brosses, étrille, brosse à queue et à crinière, cure-pied)
○ Serviettes, chiffons, éponges
○ Trousse de première urgence pour chevaux
○ Couverture (pour la nuit, le cas échéant)
○ Chasse-mouches et bombe insecticide
○ Râteaux, pelles, fourche pour le fourrage et la paille, fourche pour éliminer la litière sale
○ Seaux en plastique (deux ou trois)
○ Bottes ou chaussures à renforts rigides pour protéger vos orteils des sabots du cheval
○ Friandises (carottes, pommes, sucre…) à offrir à votre cheval

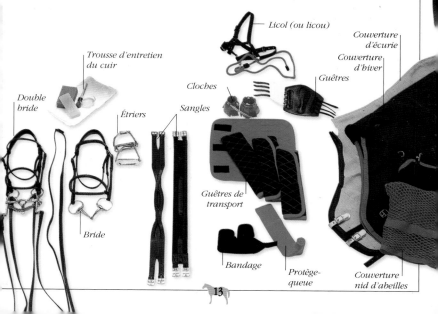

Licol (ou licou)

Couverture d'écurie

Couverture d'hiver

Trousse d'entretien du cuir

Guêtres

Cloches

Double bride

Sangles

Étriers

Guêtres de transport

Bride

Bandage

Protège-queue

Couverture nid d'abeilles

VOTRE CHEVAL EN PENSION

Si, comme beaucoup de propriétaires, vous ne pouvez pas prendre votre animal chez vous, le mieux est de faire appel à un établissement spécialisé qui accueille les chevaux en pension. Le choix de cette structure dépend notamment de la façon dont vous envisagez de faire vivre votre cheval : en plein air ; dans un box ou une stalle d'écurie, avec un enclos où il puisse se dégourdir les jambes ; ou une combinaison de ces deux formules.

En ce qui concerne l'entretien du cheval, tout dépend du temps que vous êtes en mesure de lui consacrer et de vos possibilités : ou bien vous pouvez vous en charger en totalité ou en partie (nourriture, nettoyage du box, etc.) si vous habitez à proximité de l'établissement envisagé ; ou bien cet entretien est inclus dans le prix mensuel de la pension.

Le budget à prévoir est à cet égard un facteur important, mais ce n'est pas le seul. Il faut tenir compte aussi de votre tranquillité d'esprit et du bien-être à long terme de votre cheval. Demandez conseil à d'autres propriétaires de chevaux, visitez plusieurs structures en faisant preuve d'esprit critique dans vos évaluations et n'hésitez pas à changer d'avis si vous jugez que, finalement, un établissement bien situé ne vous paraît pas offrir les meilleures garanties.

LES CRITÈRES DE JUGEMENT

Dans le choix de l'établissement où vous envisagez de mettre votre cheval en pension, plusieurs éléments sont à prendre en compte. En voici une liste qui devrait vous aider à vous déterminer.

- Bâtiments bien entretenus, occupés par des chevaux en bonne santé et qui semblent s'y plaire.
- Litière usagée et fumier évacués régulièrement, et transportés à bonne distance des zones d'habitation des chevaux.
- Élimination des insectes et des mauvaises odeurs grâce à des règles d'hygiène strictes.
- Abreuvoirs toujours propres et garnis d'eau claire.
- Litière renouvelée très régulièrement.
- Règlement (pour les propriétaires, les visiteurs, le personnel) affiché en évidence et appliqué.

○ Interdiction de fumer à l'extérieur comme à l'intérieur.
○ Nourriture saine et équilibrée respectant les instructions du propriétaire.
○ Détecteurs d'incendie et extincteurs présents dans tous les locaux et à l'extérieur.
○ Clôtures, barrières et murs offrant de parfaites garanties de sécurité.
○ Enclos, carrière, pâturages et zones de pansage bien entretenus.
○ Emplacements individuels de sellerie mis à la disposition des propriétaires.
○ Stabilité du personnel, bonne réputation dans le voisinage.

LE CHEVAL CHEZ VOUS

Si vous avez la chance d'habiter à la campagne, avec des aménagements qui s'y prêtent et un terrain suffisamment vaste, rien ne s'oppose à ce que votre cheval puisse vivre auprès de vous. Outre ses avantages du point de vue de la relation avec l'animal, cette formule vous permet de le surveiller constamment pour savoir si tout va bien et s'il est en bonne santé. Au moindre problème, vous êtes en mesure d'intervenir rapidement ou de faire venir le vétérinaire.

Il reste que cette formule implique des contraintes dont vous devez être pleinement conscient avant de vous engager. S'occuper d'un animal tel que le cheval demande en effet beaucoup de temps et de travail. Vous devrez le nourrir, le panser et lui faire prendre de l'exercice chaque jour, mais aussi disposer en permanence de tout ce qui est nécessaire à son alimentation et à son confort (fourrage, paille, etc.). Sans parler des tâches nécessaires à l'entretien et à la salubrité de son logement, notamment en ce qui concerne le renouvellement de la litière.

Si votre cheval vit dans un centre équestre, il y a du personnel pour effectuer quotidiennement toutes ces tâches, ou au moins pour vous y aider, qu'il s'agisse de changer la litière, d'évacuer le fumier, de remplir les auges et les râteliers ou encore de s'occuper du réapprovisionnement. Mais, à domicile, toutes ces responsabilités vous incombent : donner à boire et à manger au cheval, nettoyer son écurie, veiller constamment à sa santé et à sa sécurité. Vous comprendrez vite pourquoi les propriétaires de chevaux ont l'habitude de se lever très tôt, surtout s'ils ont par ailleurs des activités professionnelles !

Vous devez aussi vérifier que les bâtiments et leurs abords sont en bon état et dénués de risques, que les barrières ferment bien, que les clôtures sont solides et ne présentent pas d'aspérités dangereuses. Dès que vous repérez un défaut de sécurité, il faut y remédier rapidement vous-même ou en faisant appel à un spécialiste. Si vous vous absentez, quelqu'un doit s'occuper du cheval à votre place.

S'occuper soi-même d'un cheval, tous les jours et à longueur d'année, n'est certes pas de tout repos. Mais vous serez récompensé par la satisfaction de vous savoir pleinement responsable du bien-être de l'animal, et par les relations privilégiées qui s'établiront avec lui. Cette familiarité vous vaudra de mieux connaître votre cheval et, par là même, de vous en faire obéir plus facilement. Et vous n'aurez besoin de personne pour détecter la moindre anomalie dans son état de santé ou son comportement.

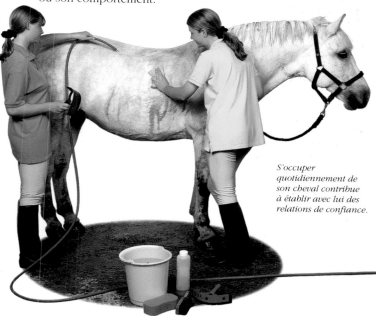

S'occuper quotidiennement de son cheval contribue à établir avec lui des relations de confiance.

PRENEZ VOTRE TEMPS

Lorsqu'un nouvel animal entre dans votre vie, il faut commencer
par vous acclimater l'un à l'autre. Votre objectif pendant la première
semaine ne doit pas être de battre des records en compétition ni de
vous lancer dans un raid d'endurance. Il s'agit plutôt d'apprendre à
connaître votre cheval, de lui permettre de s'habituer à vous, et de se
familiariser avec son nouvel environnement.

Rappelez-vous que le cheval a les réactions innées d'une proie
potentielle, et imaginez ce qu'il peut ressentir ainsi projeté dans
un environnement qu'il ne connaît pas, où il est confronté à des
créatures, à des sons et à des odeurs dont il a tendance à se méfier
par instinct. C'est à vous de l'aider à prendre confiance, patiemment
et sans jamais le brusquer.

Parlez-lui sans élever la voix et soufflez-lui doucement sur les naseaux
en signe de reconnaissance. Limitez ses activités au minimum
nécessaire. Prenez le temps de le panser tranquillement, de
déterminer ce qui lui plaît (peut-être une pomme après les séances
de pansage) et ce qui ne lui plaît pas (qu'on lui brosse les oreilles,
par exemple).

Faites de courtes promenades avec votre cheval en main (en licol),
pour qu'il se familiarise avec son nouveau cadre de vie. Profitez-en
pour lui imposer doucement votre autorité, ce qui contribuera
également à renforcer son sentiment de sécurité.

LES PREMIÈRES IMPRESSIONS SONT IMPORTANTES

Demandez au vétérinaire de passer voir votre cheval pour évaluer son
état de santé et vérifier qu'il est bien vermifugé et vacciné. Mais mieux
vaut attendre un peu avant de seller l'animal et de le monter. Soyez
patient. Il sera toujours temps de vous rattraper plus tard. Chez un
animal aussi sensible que le cheval, les premières impressions
comptent beaucoup. Si vous faites preuve de brusquerie, si vous
le brutalisez pour «lui montrer qui est le patron» ou si vous lui en
demandez trop dès le début, vous réduirez à néant tous les efforts
accomplis pour gagner sa confiance. Or, la confiance est l'élément
fondamental de toute relation constructive entre l'homme et le cheval.

Faites preuve de patience et de douceur et, à la longue, votre cheval
finira par vous considérer comme un membre important de sa harde.
Votre présence deviendra pour lui aussi sécurisante que celle des
autres chevaux. Laissez-lui tout le temps dont il a besoin pour
s'acclimater à son nouveau cadre de vie, vous en serez amplement
récompensé.

UNE ALIMENTATION ÉQUILIBRÉE

Observez les chevaux qui vivent en pleine nature (au pâturage ou à l'état semi-sauvage), et vous constaterez qu'ils passent l'essentiel de leur temps à brouter. Il s'agit pour eux d'une nécessité, car un animal de cette taille a besoin d'absorber beaucoup de nourriture et d'eau pour assurer le bon fonctionnement de son organisme.

Avant de préciser ce qu'il faut donner à manger à un cheval, évoquons d'abord les nutriments qui sont nécessaires à sa santé.

LES PROTÉINES

Les protéines sont les éléments de construction de tissus essentiels tels que le sang, les os et les muscles. Il est donc d'une toute première importance d'approvisionner votre cheval en protéines d'excellente qualité, d'origine végétale évidemment puisque cet animal est un herbivore.

LES GRAISSES ET LES SUCRES

Tous les organismes animaux ont besoin d'énergie. Les graisses (lipides) et les sucres (glucides) fournissent cette énergie, les premières davantage que les seconds. Le tout est de savoir doser cet apport énergétique. Un cheval qui fait seulement un peu de promenade et qu'on utilise pour une leçon d'équitation par semaine en a évidemment moins besoin qu'un animal qui participe à des courses d'endurance ou à des compétitions de saut d'obstacles.

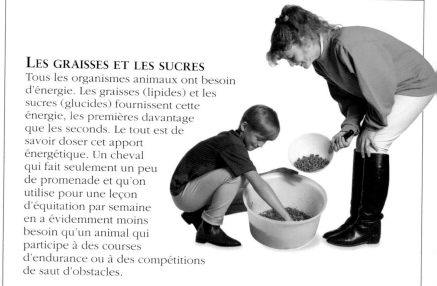

LES VITAMINES ET LES SELS MINÉRAUX

Les vitamines et les sels minéraux jouent un rôle fondamental dans de nombreuses fonctions organiques et dans la prévention des maladies. Le cheval doit donc en absorber suffisamment, à doses équilibrées en quantité et en qualité. Équilibre et qualité sont deux notions fondamentales dans l'alimentation d'un cheval, que celui-ci soit nourri de foin, d'herbe fraîche, de céréales, de concentrés ou d'un mélange de tout cela.

L'EAU

Contrairement à ce que l'on pourrait penser, l'eau fait partie des aliments. Un cheval en consomme une grande quantité : de 15 à 60 litres par jour selon son activité. En fait, tous les chevaux, quelles que soient leur condition physique et leurs dépenses d'énergie, doivent avoir constamment à leur disposition une provision d'eau propre et claire. Ne pas tenir compte de ces besoins peut avoir de graves conséquences sur leur santé.

QUE MANGENT LES CHEVAUX ?

Maintenant que nous savons quels sont les nutriments dont un cheval a besoin, voyons quels aliments peuvent les lui fournir. Nous nous contenterons d'une brève évocation de ces aliments, ainsi que des compléments que vous pouvez lui offrir pour le maintenir en bonne santé.

LE FOIN

Nourriture de base de tous les chevaux domestiques, le foin (d'herbe, de luzerne ou de trèfle) joue un rôle essentiel dans leur régime alimentaire, en satisfaisant leur besoin de mastiquer et en fournissant les fibres qui facilitent le transit intestinal. Il doit être composé principalement de feuilles et non de tiges, avoir conservé sa fraîcheur et son arôme, et être dépourvu d'éléments étrangers tels que moisissures, terre ou brindilles.

LA MOULÉE

Les aliments concentrés en flocons ou en granulés ont l'avantage d'être moins encombrants et plus faciles à conserver que leurs versions naturelles. Mais il faut les utiliser avec précaution, pour éviter les surchages ou les effets sur le transit intestinal chez les chevaux qui fournissent peu d'efforts.

LE PÂTURAGE

Le sommet de la gastronomie pour un cheval, c'est de brouter l'herbe d'un pâturage. Certes, tous les pâturages n'ont pas les qualités nutritives requises et tous les chevaux n'ont pas la chance de pouvoir se nourrir de cette façon. Mais c'est un plaisir dont il ne faut pas priver ces animaux chaque fois que l'occasion s'en présente.

LES CÉRÉALES

Contrairement à ce que l'on croit souvent, un régime riche en céréales n'est pas l'idéal pour

tous les chevaux. Avoine et orge représentent un important apport énergétique : elles conviennent donc surtout aux chevaux qui ont à fournir de gros efforts, mais également à ceux qui doivent prendre du poids ou qui passent l'hiver à l'extérieur.

LES COMPLÉMENTS

En règle générale, les compléments en vitamines et sels minéraux ne sont indiqués que dans des cas particuliers, par exemple quand le fourrage est d'une médiocre qualité nutritive. Mais on peut toujours mettre un bloc de sel à la disposition des chevaux pour compenser les pertes en sel dues à la transpiration.

LES FRIANDISES

Comme beaucoup d'animaux, le cheval est gourmand. Mais évitez de trop le gâter pour ne pas lui donner de mauvaises habitudes, et choisissez de préférence des aliments diététiques (carottes ou pommes). Un ou deux bols de céréales peuvent également faire office de friandises, de même que le traditionnel mash, une bouillie particulièrement recommandée en hiver et pour les chevaux fatigués. En voici une recette parmi d'autres : prenez quatre ou cinq tasses de son, un peu de farine d'orge, quelques pommes et/ou carottes coupées en morceaux, salez et mélangez le tout avec de l'eau chaude.

COMMENT NOURRIR SON CHEVAL

Les chevaux n'ont pas tous la même taille ni les mêmes besoins alimentaires, si bien que tous ne doivent pas recevoir des rations quotidiennes identiques. Veillez donc à nourrir le vôtre en fonction de ses besoins si vous voulez le garder en bonne forme.

Pour connaître ces besoins, mieux vaut consulter un vétérinaire. En se fondant notamment sur le poids du cheval par rapport à sa conformation et sur ses activités, il vous aidera à déterminer le type et les quantités de nourriture à lui donner.

LE FOURRAGE

Pour la plupart des chevaux adultes de taille moyenne (environ 500 kg) fournissant un travail moyen, il faut compter une ration quotidienne d'environ 4 kg de bon foin. Cette ration se répartit en deux fois (matin et soir), ou mieux encore en trois fois aux heures habituelles des repas (matin, midi, soir).

Le filet à foin doit se trouver au niveau des yeux du cheval. S'il était trop haut, de la poussière pourrait tomber dans les yeux de l'animal pendant qu'il mange.

*L'abreuvoir doit être parfaitement propre. N'offrez pas à votre cheval une eau
que vous ne boiriez pas vous-même.*

Veillez à ce que le foin soit placé à distance du sol (dans un filet, une
auge ou un râtelier) pour éviter que le cheval n'absorbe de la terre ou
tout autre élément étranger.

LES CÉRÉALES
Les rations quotidiennes d'avoine ou d'orge sont à déterminer en
fonction de la taille du cheval et de ses activités. Elles se distribuent
dans un seau parfaitement propre.

L'EAU
Le cheval doit toujours avoir de l'eau à sa disposition dans un
récipient propre, que son abreuvoir soit ordinaire ou à distribution
automatique. L'eau elle-même doit être propre, claire, et ne doit pas
être trop froide. En hiver, il faut faire en sorte qu'elle ne gèle pas,
surtout dans le cas de chevaux qui vivent à l'extérieur. Au besoin,
l'abreuvoir peut être équipé d'un système de réchauffement.

UN IMPÉRATIF : LA PROPRETÉ

Les propriétaires de chevaux doivent respecter la règle d'or du monde équestre : maintenir les animaux et leur environnement dans un état de parfaite propreté, 24 heures sur 24 et 365 jours par an. Si vous voyez un cheval au pelage terne, à la crinière et à la queue en broussaille, avec des sabots négligés et des souillures autour des yeux, vous pouvez être sûr que tout ce qui l'entoure est à l'avenant. La litière est sale et clairsemée, une eau douteuse stagne dans un abreuvoir tapissé d'algues, du foin moisi est éparpillé sur un sol jonché de déjections et, à l'extérieur, des barrières vermoulues menacent de s'écrouler au premier coup de vent. Un cheval condamné à supporter de telles conditions de vie est bien à plaindre !

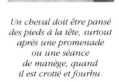

Les chevaux sauvages se débrouillent pour rester propres et se débarrasser mutuellement de leurs parasites, car ils savent d'instinct que c'est essentiel à leur santé. Mais les chevaux domestiques dépendent de leur propriétaire et c'est donc à celui-ci qu'incombe la responsabilité de leur hygiène.

Un cheval doit être pansé des pieds à la tête, surtout après une promenade ou une séance de manège, quand il est crotté et fourbu.

VOS RESPONSABILITÉS

Comme vous commencez à vous en rendre compte, avoir un cheval n'est pas de tout repos. Peu d'animaux ont un logement qui exige autant de travail d'entretien, ne serait-ce que parce que le cheval ne partage pas le domicile de son propriétaire. Vous devez aménager un cadre de vie qui lui convienne et veiller à ce que celui-ci soit toujours en parfait état. Même lorsque votre cheval est pris en charge par un établissement équestre, il vous appartient de vérifier que tout se passe bien, car c'est vous qui en êtes responsable.

Les mêmes responsabilités vous incombent pour ce qui est des soins corporels. Et ce n'est pas seulement une question d'esthétique : comme les chevaux sauvages le comprennent instinctivement, c'est aussi et avant tout une question de survie. Car un cheval est d'autant plus vulnérable aux parasites, aux maladies et aux blessures que ses conditions d'hygiène laissent à désirer. Alors soyez vigilant, il y va du bien-être et de la longévité de votre compagnon.

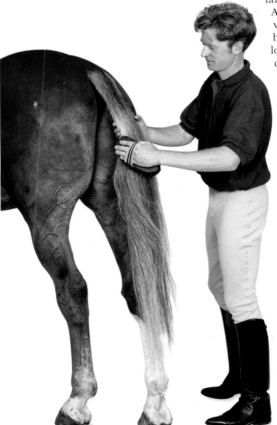

Comme les autres parties du corps, la queue doit être brossée avec soin. Elle doit être débarassée de la poussière, éventuellement de la boue et de toute autre matière indésirable.

SOINS QUOTIDIENS
ET HEBDOMADAIRES

De l'entretien de l'écurie et de ses abords dépend le bien-être de votre cheval. À vous de vous organiser en conséquence, en fonction de votre emploi du temps et de la formule d'hébergement adoptée. Car, même si votre cheval est en pension dans un centre équestre, vous pouvez être amené à participer à certains travaux tels que le nettoyage des mangeoires, l'entretien du box et le renouvellement de la litière.

Les listes de la page suivante vous donneront une idée de ce qu'il faut prévoir pour entretenir l'environnement de votre cheval.

TOUS LES JOURS

- Avec une fourche, débarrassez le box de la litière sale et transportez-la à bonne distance de l'écurie et des lieux d'habitation.
- Étalez une nouvelle couche de litière propre (paille ou sciure) en l'aérant à la fourche.
- Éliminez les restes de nourriture (foin, boulettes, etc.) qui peuvent traîner sur le sol pour éviter qu'ils ne pourrissent et que le cheval ne les mange.
- Lavez les récipients utilisés pour la nourriture.
- Nettoyez l'abreuvoir et réapprovisionnez-le si nécessaire.
- Éliminez autant que possible la poussière, car elle peut provoquer des troubles respiratoires chez le cheval.

UNE OU DEUX FOIS PAR SEMAINE

- Évacuez toute la litière (qu'il s'agisse d'un box, d'une stalle ou d'un abri dans un enclos), lavez et brossez le sol, pulvérisez un insecticide, puis étalez une couche épaisse de litière propre.
- Suspendez des bandes de papier tue-mouches dans l'écurie pour éliminer les insectes vecteurs de maladies, et vérifiez régulièrement qu'elles assurent bien leur fonction.
- Inspectez les abords de l'écurie pour prévenir les risques d'accidents (tessons, ferrailles, produits inflammables, clôtures brisées, etc.).
- Éliminez du pâturage le fumier et, autant que possible, les plantes toxiques.

L'ENTRETIEN DU HARNACHEMENT

Vous ne devez pas vous occuper uniquement du cadre de vie de votre cheval. Son harnachement aussi doit être entretenu avec le plus grand soin, pour son confort et pour le vôtre, sans tenir compte de l'investissement que représente ce matériel relativement coûteux. Un harnachement sale ou détérioré peut provoquer chez le cheval des problèmes cutanés, des infections ou même des blessures plus ou moins graves. Et il y va aussi de la sécurité de son cavalier.

Il est avant tout important que votre cheval ait son propre harnachement : utiliser celui d'un autre pourrait être cause d'inconfort et de problèmes cutanés. Le harnachement doit être rangé dans un endroit à part, propre et sec, à l'abri des intempéries et des risques de vol.

Après chaque usage, lavez les mors à l'eau légèrement savonneuse, rincez-les et séchez-les. Si possible, nettoyez aussi les bridons et les rênes après chaque usage. Les harnachements synthétiques sont évidemment les plus faciles à nettoyer car, dans la plupart des cas, une simple éponge humide suffit.

DES INSPECTIONS RÉGULIÈRES
Prenez l'habitude de vérifier régulièrement l'état de votre harnachement avant ou après chaque usage, en insistant sur tout ce qui est en contact direct avec la peau du cheval : licol, bride, dessous de selle, sangle, etc. Passez votre main sur toutes ces surfaces pour vous assurer qu'aucune aspérité ne risque de gêner le cheval.

Le cuir est un peu plus exigeant. Pour un nettoyage complet (au moins une fois par semaine), commencez par frotter le cuir avec un chiffon, puis passez-le au savon glycériné (en barre ou en boîte). Vous pouvez terminer par l'application d'un assouplissant, surtout dans le cas d'un harnachement neuf.

Les étriers et autres éléments métalliques doivent être soigneusement lavés et séchés. Secouez et brossez les matelassures de la selle pour qu'elles restent propres et confortables.

LE BESOIN DE COURIR

Produit d'une évolution qui a fait d'eux des spécialistes de la vitesse
et de l'endurance, les chevaux ont besoin de prendre régulièrement
de l'exercice. C'est aussi indispensable à leur bien-être que l'eau,
la nourriture et le confort.

Chez le cheval, l'exercice a un effet stimulant, aussi bien mental que
physique. Il correspond à un besoin naturel de mouvement qui s'est
confirmé au fil des millénaires, quand des hardes de chevaux
sauvages parcouraient les immensités herbeuses tout en restant
constamment prêts à fuir les prédateurs.

Cette tendance naturelle fut exploitée et encouragée par l'homme
quand le cheval devint son auxiliaire privilégié pour la guerre et les
travaux des champs, avant de se transformer en athlète entraîné pour
la course ou les sauts d'obstacles. Dans ces divers domaines, le cheval

VARIÉTÉ ET PRÉCAUTIONS : UN BON ÉQUILIBRE

C'est la variété qui soutient l'intérêt du cheval… et le vôtre. Mais mieux vaut demander l'avis du vétérinaire pour être sûr que les activités auxquelles vous destinez votre cheval ne risquent pas de lui être préjudiciables. Une fois rassuré sur ce point, procédez de façon progressive, en faisant en sorte que votre cheval se prenne au jeu de ses nouvelles activités et de tout ce qu'elles impliquent, tant sur le plan de l'effort physique que sur celui des émotions liées à la nouveauté.

a fait la preuve tout à la fois de ses remarquables capacités physiques et de ses facultés d'adaptation, deux qualités qui contribuent à en faire un merveilleux compagnon.

Votre cheval a besoin de passer du temps à l'extérieur, si possible tous les jours, pour faire travailler ses muscles et s'imprégner d'expériences sensorielles qui donnent de l'intérêt à sa vie d'animal domestique. Sachez varier ses activités selon les jours : longues randonnées si vous en avez la possibilité, leçons au manège dans la discipline de votre choix, travail à la longe ou simples promenades quand le temps s'y prête.

Les grandes capacités physiques du cheval en ont fait un compagnon de travail idéal.

LA SÉCURITÉ AVANT TOUT

Indépendamment de l'admiration et de l'affection que l'on peut avoir pour les chevaux, il faut être conscient des réels dangers que ces animaux peuvent courir eux-mêmes et faire courir à ceux qui les fréquentent. De simples règles de prévention peuvent suffire à réduire considérablement ces dangers, pour peu qu'on les respecte et les applique.

LA PRÉVENTION DES INCENDIES

Vous devez veiller à la sécurité de votre cheval, à l'intérieur comme à l'extérieur. Pansage et règles d'hygiène, entretien de l'écurie et de ses abords (clôtures, notamment) contribueront à le maintenir en bonne santé et à éviter bien des accidents. Il faut en outre s'abstenir de fumer à proximité des chevaux et des aménagements qui les concernent (réserves de fourrage et de litière, en particulier). Vérifiez que les

locaux sont équipés de détecteurs d'incendie et de fumée, ainsi que d'extincteurs en état de marche. Des chevaux périssent chaque année dans des incendies qui auraient pu être évités.

À L'EXTÉRIEUR

En promenade, emmenez votre cheval dans des secteurs où il ne risque pas d'avoir des réactions qui pourraient être dangereuses pour lui et pour vous. Tant que vous ne l'avez pas bien en main, évitez la traversée des agglomérations, les routes

très fréquentées, les endroits où il y a du bruit et de l'agitation. Essayez toujours de prévenir ses réactions, notamment à l'approche d'obstacles susceptibles de l'effrayer, tels que branches tombées qui ressemblent à des serpents, flaques d'eau miroitantes, rochers aux formes bizarres.

UNE TENUE ADAPTÉE

Votre propre sécurité compte également et, le premier principe que vous devez respecter à cet égard, c'est de toujours porter une bombe quand vous montez, quel que soit le tempérament de votre cheval. Trop nombreux sont ceux qui refusent de porter cette protection simplement parce qu'ils la trouvent inconfortable ou ridicule, et qui risquent ainsi les accidents.

Vous pouvez encore améliorer votre sécurité en portant des vêtements adaptés, notamment des bottes qui protègent les pieds et favorisent une meilleure position des jambes. Veillez aussi à ce que le harnachement soit bien ajusté, pour éviter des accidents ou des réactions de défense du cheval.

CHERCHEZ À VOUS AMÉLIORER

De même que vous faites travailler votre cheval pour améliorer ses performances, vous devez chercher à perfectionner votre façon de vous occuper de lui et de le monter. Plus vous serez à l'aise, aussi bien en selle qu'au sol, moins vous risquerez de subir ou de provoquer des accidents.

UN TRAVAIL D'ÉQUIPE

L'entraînement conjoint du cavalier et de sa monture ne peut qu'augmenter l'agrément et la sécurité des activités équestres. Car plus la collaboration homme-cheval s'approfondit, plus on en tire de satisfaction et plus les risques diminuent. Il s'agit d'un véritable travail d'équipe, qui doit se fonder sur la réciprocité.

Inscrivez-vous dans un manège pour vous initier à l'équitation en général ou à une discipline en particulier. Mais il faut compter aussi avec la pratique régulière dans tous les domaines. Il peut vous falloir du temps, par exemple, pour apprendre à nouer correctement une longe avant une séance de pansage, pour introduire le mors dans la bouche du cheval ou pour soulever un sabot sans craindre un coup de pied. Et mieux vous maîtriserez votre comportement, plus votre cheval se montrera coopératif pour peu que vous le traitiez avec patience et respect.

Patience et respect sont les clés d'une collaboration fructueuse avec un cheval. C'est à partir de ces éléments

fondamentaux que des relations constructives peuvent s'établir. Prenez le temps d'apprendre comment vous comporter avec votre cheval, de façon que puisse s'instaurer entre vous un climat de confiance et de sécurité. Il n'y a pas de meilleur moyen pour faire comprendre à votre cheval que vous êtes solidaire de ce qu'il ressent et donc l'amener à reconnaître votre autorité. C'est un travail de longue haleine, mais vous en serez récompensé quand votre compagnon finira par faire preuve de la même patience et de la même bonne volonté à votre égard.

Le travail à la longe est un bon moyen d'apprendre les rudiments de l'équitation. Le cheval se déplace en cercle autour de l'instructeur, qui contrôle ses mouvements.

LES SPORTS ÉQUESTRES

Le monde du cheval est riche de nombreuses disciplines, parmi lesquelles chacun peut choisir en fonction de ses goûts et de ses aptitudes. Cela va des disciplines «western» comme la plaisance western aux grandes épreuves olympiques telles que le concours complet (parcours de fond, reprise de dressage, parcours d'obstacles), en passant par toutes sortes d'autres activités comme les raids d'endurance.

Au-delà des spécificités propres à chaque discipline, toutes répondent à deux critères communs :

1. Commencer par un entraînement assidu sous les directives d'un instructeur qualifié.
2. Y prendre du plaisir, ce qui est un objectif essentiel.

Apprenez à monter correctement et en respectant votre cheval.

Prenez le temps d'apprendre à monter correctement. La maîtrise de soi est indispensable : tout mouvement de colère peut avoir de graves répercussions sur le comportement du cheval. Dites-vous bien que cet animal n'est pas une machine, mais un être vivant susceptible d'éprouver des émotions. Alors, soyez patient si vous voulez obtenir de bons résultats.

LES QUALITÉS D'UN BON INSTRUCTEUR

Visitez plusieurs manèges et observez comment les choses s'y déroulent (ambiance, niveau technique, rapports instructeurs-élèves). Pour choisir un instructeur qui vous convienne, tenez compte des critères ci-dessous :

○ Une bonne expérience, tant comme enseignant que comme compétiteur dans la discipline de votre choix (vérifiez ses références et observez ses leçons).
○ Une attitude encourageante à l'égard de ses élèves.
○ Une pédagogie progressive mettant l'accent sur les acquis positifs.
○ Une grande rigueur en matière de sécurité (port de la bombe notamment).
○ Des rapports patients et affectueux avec les chevaux (surtout pas de brutalités).
○ La volonté manifeste d'aider le débutant à s'initier à tous les aspects de l'équitation, qu'il s'agisse du pansage et du harnachement ou de la préparation aux compétitions.
○ Il faut que ce soit quelqu'un avec qui vous vous sentiez à l'aise et que vous ayez plaisir à fréquenter.

L'ÉQUITATION DE LOISIR

Si bien des cavaliers éprouvent une grande satisfaction à participer à des compétitions, nombreux également sont ceux qui n'ont pas besoin de ce type d'activités pour se plaire en compagnie des chevaux : le plaisir d'être avec eux leur suffit. Et il y a bien des façons de passer du temps avec un cheval sans que celui-ci soit un super athlète, ni que vous-même soyez un cavalier de niveau olympique.

De la simple promenade à la grande randonnée, de vastes possibilités vous sont offertes pour passer de longues heures en compagnie de votre cheval sur les sentiers aménagés ; il suffit de se procurer les cartes et les topoguides.

L'un des nombreux avantages de ces activités de loisir est qu'elles peuvent vous amener à connaître et à fréquenter d'autres personnes qui, elles aussi, aiment passer du temps avec leur cheval. Vous pourrez ainsi participer avec elles à des promenades ou à des randonnées en groupe qui seront l'occasion d'expériences nouvelles et d'échanges enrichissants sur les multiples aspects de votre passion commune.

LA PRÉPARATION

Même de simples activités de loisir requièrent un minimum de préparation. Pour que la randonnée s'effectue en toute sécurité, votre cheval doit être capable de faire face à l'imprévu, sans s'affoler à la vue d'un chien agressif ou d'une bicyclette. Il faut donc qu'il ait totalement confiance en vous, ce qui implique de votre part une certaine maîtrise technique. Aussi est-il indispensable de continuer à prendre des cours d'équitation pour vous perfectionner. Et surtout, n'oubliez pas de vous assurer.

LE LANGAGE DES CHEVAUX

Le plus beau cadeau que vous puissiez faire à votre cheval – et le meilleur moyen de renforcer les liens qui vous unissent – est d'essayer de comprendre sa façon de s'exprimer. Il dispose en effet d'un langage particulier, intégré dans l'ensemble des relations sociales qui ont contribué à la survie de l'espèce depuis ses lointaines origines. Prenez le temps de vous initier à ce langage en observant les chevaux qui vous entourent.

Les chevaux communiquent au moyen d'un certain nombre d'attitudes et de vocalisations. Nous nous limiterons ici à quelques exemples que vous pourrez observer vous-même à l'occasion.

LES VOCALISATIONS

Il suffit d'approcher d'une écurie pour entendre les chevaux donner de la voix selon diverses modulations. Le hennissement traditionnel, par exemple, est une sorte d'appel généralement utilisé par les membres d'un même groupe quand ils se retrouvent après une séparation. Si votre cheval vous accueille de cette façon, c'est qu'il est content de vous revoir. En revanche, un cheval qui s'ébroue, c'est-à-dire qui émet une sorte de ronflement ou de renâclement plus ou moins sonore, manifeste de la frayeur ou de l'impatience.

Ces chevaux manifestent de la peur ou de l'irritation.

Le cheval de gauche a une attitude dominante face à celui de droite.

LES OREILLES

Les oreilles d'un cheval sont d'excellents révélateurs de son humeur. Dressées et pointées en avant, elles indiquent bonne volonté, vigilance et curiosité. Chez un cheval détendu et satisfait, elles peuvent sembler

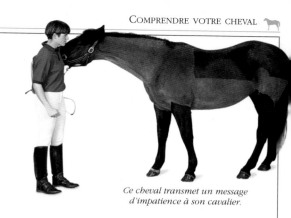

Ce cheval transmet un message d'impatience à son cavalier.

avachies, presque retombantes. Méfiez-vous en revanche d'un cheval dont les oreilles sont couchées en arrière : c'est un signe d'agressivité (contre vous ou d'autres chevaux) qui doit vous inciter à garder vos distances car le cheval risque de mordre ou de ruer.

UN REGARD EXPRESSIF

Chez le cheval aussi, les yeux sont le «miroir de l'âme». Regardez donc votre cheval dans les yeux pour essayer de comprendre ce qu'il veut vous dire, surtout quand cette expression se combine avec d'autres manifestations physiques. Si le cheval montre le blanc de ses yeux et porte haut la tête avec une nette tension des muscles de l'encolure, c'est généralement qu'il a peur. Une expression naturelle, paisible, est signe de confiance et de bien-être, alors qu'un regard très mobile est révélateur d'un cheval inquiet, sur ses gardes.

LE LANGAGE DU CORPS

Le cheval se sert aussi de son corps pour s'exprimer. Une queue portée en panache est signe d'exubérance, alors qu'elle peut exprimer de l'irritation si elle fouette l'air. Un cheval qui piaffe en agitant la tête de haut en bas donne des signes d'impatience. Quant aux sauts de mouton, ils peuvent avoir des significations différentes : bonne humeur et vitalité dans certains cas, douleur dans d'autres… à moins que le cheval ne tente simplement de se débarrasser de son cavalier! À vous de savoir interpréter chaque message en fonction des circonstances et des autres signes qui l'accompagnent.

LE CHEVAL ET LES AUTRES

Le cheval est un animal sociable, qui se plaît en compagnie de ses semblables. Mais il vit dans un monde peuplé de nombreuses autres créatures, dont beaucoup peuvent représenter pour lui un danger potentiel, par exemple les chiens… et les hommes. Or, le cheval domestique est obligé de les côtoyer tous les jours, à l'extérieur comme chez lui. À vous de faciliter son existence quotidienne en le préparant à supporter cette situation, voire à y prendre plaisir.

Le cheval le mieux armé pour faire face aux imprévus de la vie est celui qui a été habitué à côtoyer sans réticences d'autres créatures de tous les âges, qu'il s'agisse de chevaux, de chiens, de chats ou d'êtres humains. Mettez votre cheval en présence de personnes (y compris des enfants) que vous savez capables d'approcher calmement les chevaux et de chiens suffisamment dressés. Récompensez-le chaque fois d'une friandise

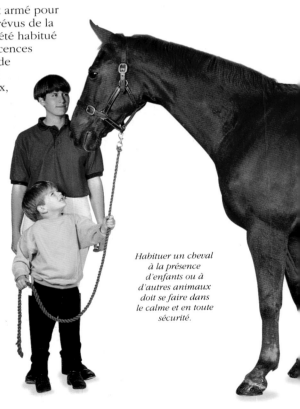

Habituer un cheval à la présence d'enfants ou à d'autres animaux doit se faire dans le calme et en toute sécurité.

ou d'une caresse, et augmentez progressivement la durée de ces rencontres.

Évidemment, certains chevaux ont été marqués par des expériences négatives lorsqu'ils arrivent chez leur nouveau propriétaire. À vous de redonner confiance à un animal ayant été victime d'enfants qui lui tiraient la queue ou de chiens qui le mordaient ou aboyaient sur son passage. Cela peut prendre du temps : armez-vous de patience.

Si vous avez des enfants et des chiens, vous devez faire en sorte qu'ils se comportent convenablement en présence des chevaux. C'est une question d'éducation pour les uns et de dressage pour les autres, et vous en êtes responsable.

Il vous incombe aussi de tenir compte des points faibles de votre cheval, de sa vulnérabilité, pour veiller à son bien-être. Ne le mettez pas dans des situations stressantes (une fête de famille avec de nombreux enfants agités et bruyants, par exemple) qu'il n'est pas habitué à supporter.

UN PANSAGE QUOTIDIEN

Toiletter régulièrement un cheval contribue à le mettre en valeur et à le maintenir en pleine forme. Robe, crinière et queue doivent être nettoyées avec soin, débarrassées de toute trace de poussière, de boue, de fragments végétaux ou d'autres facteurs d'irritation. Le cheval peut ainsi supporter plus facilement son harnachement. Et sa peau, bien lubrifiée, est moins vulnérable aux invasions de parasites. Avoir un cheval parfaitement propre demande du travail, mais dont on est largement récompensé.

Indispensables à l'hygiène de votre cheval, les séances de pansage contribuent en outre à resserrer vos liens mutuels. Le secret consiste à le panser de la tête aux

La belle apparence de ce cheval ne doit rien au hasard : c'est le fruit de soins assidus, prodigués tous les jours et à longueur d'année.

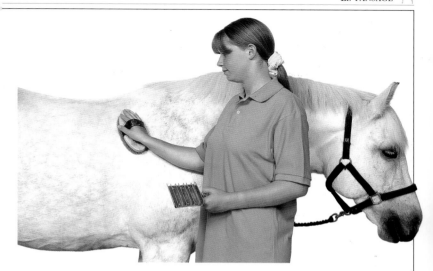

pieds chaque fois que vous êtes avec lui, pour le monter (le mieux est de le brosser avant et après chaque sortie) ou quand vous lui rendez visite là où il est hébergé. C'est seulement au prix de cette assiduité que vous obtiendrez la superbe vision que peut offrir un cheval éclatant de santé.

Prévenir pour mieux guérir

En pansant fréquemment votre cheval, vous apprendrez à mieux le connaître et, de ce fait, à savoir ce qui est normal chez lui et ce qui ne l'est pas. Quand on est habitué aux contours de ses muscles, aux structures des différentes parties de son corps, à la texture de sa peau et de son poil, à l'état général de ses yeux et de ses oreilles, on a tôt fait de remarquer (le plus souvent à l'occasion d'une séance de pansage) un gonflement bizarre sur l'encolure ou un écoulement inquiétant des yeux. Or, comme tout vétérinaire vous le dira, plus tôt vous repérez de telles anomalies, plus vite elles peuvent être soignées et plus le cheval a de chances de guérir dans de bonnes conditions.

UNE SÉANCE DE PANSAGE

Nous vous proposons ici un programme type qui couvre l'essentiel d'une bonne séance de pansage. Libre à vous de procéder de façon différente, le tout étant que votre cheval soit pansé correctement et fréquemment.

○ Avec un licol et une longe, attachez solidement le cheval à l'endroit qui vous convient.
○ En levant doucement chaque pied l'un après l'autre, nettoyez le dessous des sabots avec un cure-pied. Évitez la saillie triangulaire en corne élastique tendre (fourchette), qui est très vulnérable.
○ Avec une étrille en caoutchouc, frottez en cercles tout le corps du cheval pour décoller les saletés qui se sont logées sous les poils.
○ Enlevez le gros de la boue et de la poussière avec la brosse dure (ou bouchon). Attendez que la boue soit sèche avant de procéder à cette opération. Après chaque passage de la brosse, nettoyez-la à l'aide de l'étrille en caoutchouc.
○ Puis, brossez avec la brosse douce.
○ Pour le devant de la tête et les oreilles, utilisez une brosse souple.
○ Frottez ensuite doucement le devant de la tête avec une éponge (ou un chiffon) humide, et utilisez deux éponges différentes pour les yeux et les oreilles.

○ Lissez les crins avec un peigne à crinière.
○ Une fois par semaine, nettoyez le fourreau d'un mâle ou les pis d'une jument avec une éponge humide réservée à cet usage.
○ Utilisez une éponge distincte pour l'anus et les parties génitales.

Utilisez un cure-pied qui ne soit pas trop pointu, et procédez toujours de l'arrière vers l'avant pour éviter d'endommager la fourchette.

Pour laver votre cheval, attendez
un jour où il fait chaud. Passez un
shampooing à l'aide d'un chiffon ou
d'une éponge, puis rincez au tuyau
ou avec un seau. Éliminez l'excédent
d'eau avec un couteau de chaleur
pour que le cheval puisse sécher
plus vite.

*Servez-vous
aussi de vos
doigts pour
démêler
la crinière.*

*Nettoyez soigneusement
les crins de la queue.*

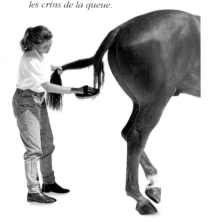

LE MATÉRIEL DE PANSAGE
Pour panser un cheval, il faut un
minimum de matériel, dont voici
quelques éléments de base :
○ Brosse dure (ou bouchon)
  et brosse souple
○ Étrille en
  caoutchouc
○ Cure-pied
○ Peigne à queue
  et à crinière
○ Coton-Tige
○ Éponges
○ Shampooing
  pour cheval
○ Couteau de chaleur
○ Chiffons doux
○ Insecticide

L'ENTRETIEN DES SABOTS

«Pas de pieds, pas de cheval», affirme un vieux dicton. Certes, c'est un peu réducteur, mais il n'en est pas moins vrai que les pieds d'un cheval jouent un rôle important dans son état de santé et ses performances. Aussi devez-vous les entretenir avec soin à chaque séance de pansage et faire régulièrement appel aux services d'un bon maréchal-ferrant.

Faute de soins attentifs, les sabots poussent exagérément et se remplissent de terre, ce qui peut provoquer des douleurs telles que le cheval arrive à peine à marcher. Il faut donc les nettoyer souvent, et faire venir le maréchal-ferrant pour tailler la corne excédentaire (parure) et les referrer si nécessaire. Un bon maréchal-ferrant maintient les pieds des chevaux en bon état et peut soulager certaines incommodités en procédant à des ajustements de parure ou de ferrage. Cela peut coûter cher, mais fait partie des dépenses à prévoir quand on décide d'avoir un cheval.

Fourchette *Lacune*

Talon

Paroi

Sole

*Ce cheval de trait a des pieds massifs entourés d'épais fanons
retombant sur les sabots.*

LE CHOIX DU MARÉCHAL-FERRANT

Vous et le maréchal-ferrant avez un rôle important à jouer dans
l'entretien des sabots de votre cheval. Outre les nettoyages quotidiens
(avant et après chaque sortie, si possible), vous devez faire en sorte
que votre cheval reste calme quand le maréchal-ferrant s'occupe de
lui. Quant aux fonctions de cet artisan, elles consistent essentiellement
à vérifier les ferrures, à tailler les sabots et à inspecter l'état des
différentes parties du pied – environ toutes les six semaines. Cherchez
un maréchal-ferrant qui considère son métier comme une vocation,
qui se plaise réellement en compagnie des chevaux, qui les traite avec
patience et respect, qui prenne au sérieux tout ce qu'implique son
travail pour le bien-être et la santé de votre cheval.

VOTRE VÉTÉRINAIRE

Ceux qui vivent avec des chevaux ont de la chance. Contrairement aux chiens et aux chats, dont l'espérance de vie est de l'ordre de douze à quinze ans, les chevaux peuvent vivre plus d'une vingtaine d'années et parfois même dépasser la trentaine. Mais cela n'est possible que s'ils restent en bonne santé.

Certes, le bon état de santé de votre cheval dépend en partie de vous, mais pas uniquement. Les chevaux peuvent être victimes de maladies ou blessés, si bien que vous devrez tôt ou tard faire appel aux compétences d'un vétérinaire. Vous êtes responsable de l'entretien général de votre cheval, mais le vétérinaire est indispensable pour tous les soins et traitements préventifs ou curatifs, qu'il est seul à pouvoir prodiguer. Ce praticien, en revanche, comptera sur vous pour assurer la première ligne de défense : c'est à vous de savoir ce qui est normal et ce qui ne l'est pas, et de faire intervenir le professionnel au moindre symptôme préoccupant.

Tous les vétérinaires ne se valent pas, aussi devez-vous prendre le temps de choisir avec soin celui auquel vous allez confier la précieuse santé de votre compagnon. Renseignez-vous auprès d'autres propriétaires de chevaux et observez comment se comportent les vétérinaires qui interviennent dans les centres équestres. Vous verrez qu'il est finalement assez facile de faire le bon choix.

Les qualités d'un bon vétérinaire

Voici les principaux critères sur lesquels vous fonder pour choisir un vétérinaire qui vous convienne :

○ Docteur en médecine vétérinaire
○ Ayant une longue expérience des chevaux
○ Jouissant d'une bonne réputation dans les milieux hippiques
○ Facilement joignable au téléphone
○ Pratiquant des honoraires raisonnables et offrant des facilités de paiement pour les dépenses importantes
○ Entouré d'une équipe compétente et consciencieuse
○ Montrant un véritable amour des chevaux
○ Disponible pour répondre à vos questions sur la santé de votre cheval
○ Mettant l'accent sur les mesures de prévention
○ Ayant un bon remplaçant quand il s'absente
○ Doté d'une personnalité sympathique

Avant de choisir un vétérinaire, vérifiez ses références en matière de chevaux.

SOINS PRÉVENTIFS

La prévention est un élément primordial de tout programme de santé, chez l'animal comme chez l'homme. Observez votre cheval, respectez les règles d'hygiène évoquées précédemment et faites appel au vétérinaire non seulement quand vous décelez un problème préoccupant, mais aussi pour l'application de traitements systématiques. Vous trouverez ci-dessous l'essentiel de ce qui vous incombe en matière de prévention.

LES VERMIFUGES

L'univers du cheval fourmille de parasites internes (des vers) que l'animal peut ingérer en mangeant ou qui peuvent lui être transmis par des insectes. Il est donc indispensable qu'un cheval soit régulièrement vermifugé, même si cela ne suffit pas à éliminer tous les risques. Consultez votre vétérinaire pour déterminer la nature et la fréquence des traitements les plus appropriés en fonction des parasites qui prédominent dans votre région. Quant au mode d'administration, il est généralement simple : pâte à injecter dans la bouche, poudre ou granulés à mélanger aux rations alimentaires.

LES VACCINATIONS

Il y a les vaccins nécessaires pour tous les chevaux et ceux qui ne concernent que les habitants de certaines régions. Le vétérinaire pourra vous renseigner sur le programme de vaccination ainsi que sur la pertinence de vacciner contre telle ou telle maladie (tétanos, grippe équine, rhinopneumonie, encéphalomyélite, gourme, rage...).

LES DENTS

Si un cheval doit atteindre sa trentième année, mieux vaut qu'il ait de bonnes dents pour se nourrir jusqu'à cet âge. Or ses dents ne cessent de pousser au fur et à mesure qu'elles s'usent et, si leur usure est insuffisante ou irrégulière, il en résulte des aspérités qui peuvent provoquer des blessures des joues susceptibles d'entraîner une malnutrition. Il est donc important que le vétérinaire examine régulièrement les dents de votre cheval et voie si elles ont besoin d'être rabotées pour éliminer ces aspérités gênantes.

GÉNÉRALITÉS

Tout ce que vous pouvez faire pour votre cheval, qu'il s'agisse de le panser, de nettoyer ses sabots, de lui faire prendre de l'exercice,

de vous occuper de sa nourriture et de l'entretien de son environnement, et bien sûr de lui manifester votre affection, tout cela contribue à le faire vivre en bonne santé le plus longtemps possible.

QUAND APPELER LE VÉTÉRINAIRE ?

Des livres entiers ont été consacrés aux maladies et aux autres problèmes de santé qui peuvent affecter le cheval le plus robuste et le mieux entretenu. Mais vous n'avez pas besoin de les apprendre par cœur pour être sûr que votre cheval sera bien soigné en cas d'urgence. Il vous suffit de savoir reconnaître les signes d'une maladie ou d'une blessure afin de pouvoir faire venir un vétérinaire dès que c'est nécessaire. Quand vous décelez un de ces symptômes, aidez votre cheval en le laissant au repos et en gardant votre calme.

Ce vétérinaire cherche à déterminer la cause d'une boiterie.

SIGNAUX D'ALARME

Nous vous indiquons ci-dessous les principaux symptômes de maladies ou de blessures. Dès que vous avez un doute, appelez le vétérinaire. Mieux vaut risquer une fausse alerte qu'un problème grave.

○ Perte d'appétit, refus de manger, de boire
○ Diarrhée
○ Apathie, manque d'entrain
○ Écoulements aux yeux ou aux naseaux
○ Difficultés urinaires ou constipation
○ Signes évidents de douleur ou de malaise, tels que piaffements, transpiration anormale, mouvements nerveux (le cheval fouette l'air avec sa queue, se regarde les flancs), agitation (tous symptômes de colique nécessitant l'intervention rapide du vétérinaire)
○ Signes évidents de blessure, tels que saignement, difficulté à se tenir debout, claudication, enflure d'une partie du corps
○ Difficultés respiratoires (respiration pénible, accélérée ou bruyante).
○ Manque d'élasticité de la peau et sécheresse des muqueuses (signes de déshydratation)
○ Robe terne, desquamation de la peau
○ Grosseurs, gonflements de la peau
○ Boiterie

VOTRE CHEVAL A BESOIN DE VOUS

Le cheval n'est pas le plus facile des animaux de compagnie : il est encombrant, d'un tempérament ombrageux, et son entretien est coûteux. Mais c'est l'un des animaux qui nous font le plus rêver.

Certes, nous devons offrir à ce compagnon de la nourriture en abondance, des pansages réguliers, une surveillance attentive et des activités appropriées à ses exigences, avec le temps, le travail et le budget que tout cela implique. Mais, avant tout, nous lui devons notre affection. Et c'est indiscutablement le plus beau cadeau que nous puissions lui faire.

Depuis de nombreux siècles, et bien que nous ne les traitions pas toujours correctement, les chevaux font preuve d'une constante bonne volonté dans toutes les activités auxquelles nous les associons. Ne serait-ce que pour cette longue collaboration, nous leur devons aussi gratitude et respect.

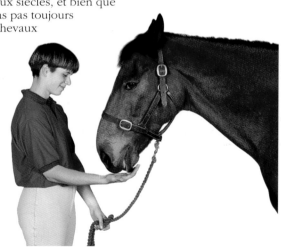

Aux yeux du profane, les chevaux peuvent paraître distants, peu enclins à répondre à nos témoignages d'affection. Mais ceux qui vivent auprès d'eux savent ce qu'il en est réellement. Ceux-là connaissent les liens tacites qui peuvent se nouer entre un cheval et les personnes qu'il aime. Ces liens, il faut en faire l'expérience et seuls peuvent en bénéficier ceux qui font les efforts nécessaires pour devenir des membres honoraires de la famille équine. Se montrer digne d'un tel honneur prend du temps. Alors soyez patient et faites ce qu'il faut : vous en serez récompensé par une confiance et une affection indéfectibles.

EN SAVOIR PLUS

LIVRES

Chevaux et poneys, collectif, Artémis

Larousse du cheval, Larousse

Le Cheval, sellerie et équipement, Sarah Muir, Solar

Le Grand Livre du cheval, Solar

Le Web des animaux, Michel Pepin, Éd. Logiques

Les Chevaux, Guide Vert, Solar

Les Chevaux, E. H. Edwards, Solar

Les Chevaux en 1000 photos, Bertrand Leclair, Solar

Mon cheval au quotidien, L. Cresp, C. Lefranc, Amphora

Mon livre sur les chevaux, collectif, Chantecler

MAGAZINES

La revue équestre

Courrier Hippique

Cheval Magazine

Cheval pratique

SITES INTERNET

www.cheval.qc.ca
Québec à cheval

www.fed.qc.ca
Fédération équestre du Québec

www.animalhebdo.com
Le magazine animal

www.geocities.com/~ccrcq
Comité conjoint des races chevalines

www.le-site-cheval.ovh.org
Le site cheval

Le shagya est un cheval hongrois d'origine arabe.

À PROPOS DE L'ÉDITEUR

Fondées au Québec en 1982, les Éditions Michel Quintin occupent une place prépondérante dans la publication d'ouvrages de vulgarisation scientifique sur les animaux, la nature et l'environnement. Au fil des ans, des prix prestigieux, nationaux et étrangers, sont venus souligner le travail de l'éditeur et de son équipe de spécialistes.

INDEX

A-B

abreuvoir, 15, 25, 29
accueil du cheval, 18-19
affectifs, liens, 58-59
alimentation, 20-21, *voir aussi* nourriture
animaux (autres), 9, 44
aptitudes, 35
attache de la queue (nettoyage), 49
avant l'arrivée du cheval, 10-18

barrières, 15, 17, 21
blessures, 56, 57
bombe, importance du port de la, 34
bottes, 13, 35
box, 14
  nettoyage, 29
brosses et brossages, 13, 48, 49
bruits, 34

C

céréales, 23, 25
chevaux sauvages et semi-sauvages, 6
  activités, 32
  alimentation, 20
  distribution, 7
choix, critères de
  cheval, 2
  instructeur, 39
  pension, 15
  vétérinaire, 53
clôtures, 15, 17, 21
coliques, 57
communication, 41, 42-43, 59
compétitions, *voir* sports équestres
compléments alimentaires, 23
comportements anormaux, 57
confiance, 19, 37, 59
constipation, 57
couteau de chaleur, 49

D-E

dents (soins), 55
dépenses, *voir aussi* vétérinaire
  pension, 14
  transport du cheval, 10
déshydratation, 57
diarrhée, 57
domestication, 6-7, 32, 58

eau, 21, 25
écoulements pathologiques, 57
écurie, 10, 12, 14-15, 16, 28
encéphalomyélite, 54
enfants, 2, 44, 45
entraînement, 36-41
entretien, *voir* nettoyage
équitation, *voir* sports équestres
espace vital, 2, 14
étrille, 13, 48, 49
examen (prévention des maladies), 47
exercice physique, 2, 32-33
  enclos, 14
  manège, 15, 33, 41
  variété, 33

F-G-H-I

ferrures, 51
foin, 22, 24
  filet à, 15, 24
fourche à fumier, 13
fourrage, *voir* foin
fourreau, 49
friandises, 13, 18, 23, 44
fruits, *voir* friandises

glucides, 21
gourme (maladie), 54
graisses, 20
granulés, 22
grippe équine, 54

harnachement, 13, 30-31, 35
  rangement, 15
hébergement, 10, 14-17, *voir aussi* pension
herbe de pâturage, 22

histoire naturelle, 6-9

incendie (mesures de sécurité), 15, 29, 34
insectes, protection contre les, 13, 15, 29, 49
instincts, *voir aussi* sociabilité (comportement instinctif)
  besoin d'exercice, 32
  crainte des prédateurs, 8, 18, 44
  territorialité, 9
instructeur, rôle de l', 36, 37, 38-39, 41
intelligence, 8, 32

L-M

litière, 13, 15, 16, 29
longévité, 2, 52
luzerne, 22

maître de manège, *voir* instructeur
maladies
  dentaires, 55
  déshydratation, 21
  des pieds, 50
  soins insuffisants, 26, 27
  symptômes, 57
  vaccinations, 54
manège, 33, 41
mangeoire, 15, 24
maréchal-ferrant, 11, 50-51
matériel, 12-13, 49
mauvais traitements, 45

N

nettoyage, 2, 26-31

écuries, 10, 14, 15, 16, 17, 27
  hébergement à domicile, 16
  matériel, 13
  programme, 28-31
  responsabilités, 14, 26-27
nez
  nettoyage, 48
  symptômes de maladie, 57
nourriture, 2, 24
  à l'écurie, 15
  déchets, 29
  quantité, 24-25
nutrition, 20-21, *voir aussi* nourriture

O-P

oreilles
  entretien, 48
  langage des, 42
  symptômes de maladies, 57

paddock, 14
paille, *voir* litière
pansage, 2, 46-51
  matériel, 13, 49
  précautions, 18
  programme quotidien, 48-49
parasites, 54
parties génitales, 49
parure des sabots, 50, 51
peau (symptômes de maladie), 57
pension, hébergement du cheval en, 10, 12, 14-15, 16, 28
peur, réactions de, 8, 34
pieds, 48, 50-51
pis, 49
plantes toxiques, 29
poids, surveillance du, 23
préparatifs pour le cheval, 10-18
prévention, 54-55, *voir aussi* sécurité
protéines, 20

R

rabotage des dents, 55

races, 6, 7
rage, 54
randonnée équestre, 34, 40, 41
rangement du harnachement, 15, 30
râtelier, 15, 24
récompenses, *voir* friandises
régime, *voir* alimentation, nourriture
relations avec votre cheval, *voir aussi* communication
  affection, 58-59
  confiance, 19, 37, 59
  entraînement, 36, 37
  hébergement, 17
  premiers contacts, 18-19
  temps à consacrer, 40, 41
respiratoires, problèmes, 22, 29, 57
rhinopneumonie, 54
robe terne (symptômes de maladie), 57

S

sabots (entretien et soins), 48, 50-51, 55
santé (soins et prévention), 54-57
sécurité, mesures de
  cavalier, 35
  feu, 15, 29, 34
  harnachement, 30
  hébergement à domicile, 17
  promenades et randonnées, 34, 41
  surveillance régulière, 29
  vêtements, 35
sel, 23
sels minéraux, 21, 23
sociabilité
  amateurs de chevaux, 41
  avec la famille et d'autres animaux, 45
  comportement instinctif, 8, 9, 18, 19
  structure communautaire, 7
soins, *voir aussi* pansage, santé
  à domicile, 16-17

en pension, 14
sports équestres, 32, 38
stalle, 14
  entretien, 29

T-U-V-Y

taille des sabots, 50, 51
tétanos, 54
transport, 10, 11
trousse de premiers secours, 13

urgences, 56-57

vaccinations, 54
van, 10
vermifuge, 54
vers intestinaux, 54
vêtements, 34
vétérinaire
  consultations, 16
  critère de choix, 53
  dents (examen des), 55
  examen préalable, 19
  importance du, 11, 52
  quand le faire venir, 56-57
vitamines, 21, 23
vocalisations, 42

yeux
  expression, 43
  nettoyage, 48
  symptômes de maladies, 57

ÉDITIONS
MICHEL
QUINTIN

Titre original de cet ouvrage
What your horse needs

Traduction-adaptation
Daniel Alibert-Kouraguine

Réalisation
Bookmaker, Paris

Consultant
Frédéric Chéhu

Mise en pages
Jean-Claude Marguerite

Crédits photos : Geoff Brightling, Gordon Clayton, Andy Crawford, Kit Houghton, Bob Langrish, Ray Moller, Stephen Oliver, Tim Ridley, Jerry Young

Nous remercions les chevaux et les propriétaires suivants : p. 2 : Swedish National Stud ; p. 6 : Royal Veterinary College ; p. 12 : Bengad Dark Mullein, Mrs C. Bowyer, Symondsbury Stud ; p. 32 : Wellington Riding Ltd ; p. 33 : Teton, Wild Horse Research ; p. 34 : Golden Nugget, Sally Chaplin ; p. 46 : Shaker's Supreme, Fred & Bonnie Neuville, Kentucky ; p. 50 : Sjolike, Sonia Gray, Tattondale Carriages ; p. 61 : Kemir, Haras national de Bablova, Hongrie ; p. 64 : Nemo, Ileen Pole, Canada.

ISBN : 2-89435-168-2
Dépôt légal : septembre 2001

Imprimé à Hong Kong

Éditions Michel Quintin
C.P. 340, Waterloo, Québec
Canada J0E 2N0
Tél. : (450) 539-3774
Téléc. : (450) 539-4905
Courriel : mquintin@sympatico.ca